# Stori 'Morus y Gwyn

Gan Siân Lewis  Darluniau: Jenny Williams

Cysyniad, creadigaeth a dyluniad Cyhoeddiadau FBA mewn cydweithrediad ag
Awdurdod Cymwysterau, Cwricwlwm ac Asesu Cymru (ACCAC)
Cyhoeddiadau FBA
Aberystwyth
2002

Gwyliau'r haf o'r diwedd!
Roedd Bethan yn anfon e-bost at ei ffrind Amin yn Llanelli.
Roedd hi newydd deipio'r geiriau:
*Annwyl Amin,*
*Rydyn ni wedi symud i dŷ Nain ar Ynys Môn –*
pan aeth sgrin y cyfrifiadur yn ddu.

'Nain!' galwodd Bethan. 'Nain!'
Roedd Nain a Gareth yn casglu ffa yn yr ardd.
Pan redodd Bethan allan i ddweud yr hanes,
chwythodd y gwynt lwch i'w llygaid.

Roedd y llen blastig ar ben
yr estyniad i dŷ Nain yn ysgwyd yn wyllt.
'Edrychwch ar Morus y Gwynt!' gwaeddodd Gareth.
Dyn bach plastig oedd Morus y Gwynt.
Roedd e'n byw ar do sied Nain.
Pan oedd y gwynt yn chwythu, roedd e'n
torri coed. Doedd Bethan erioed wedi
gweld Morus yn gweithio mor gyflym.

‘I mewn â chi i’r tŷ,’ galwodd Nain
a rhedodd y ddau i’r tŷ â’r gwynt ar eu holau.
Er ei bod hi’n gynnar, gwasgodd Nain swits y lamp.
Doedd ’na ddim golau. ‘Dim trydan!’ meddai Nain.
‘Rydyn ni wedi cael toriad.
Does dim rhyfedd fod y cyfrifiadur ar stop.
Fydda i ddim yn medru coginio chwaith.’

Ar y gair dyma lais yn galw, 'Helô!'
Sali drws nesa oedd yno.

'Mae Mam yn eich gwahodd
chi i swper,' meddai.
'Hwrê!' gwaeddodd Bethan a Gareth.

Roedd mam Sali newydd gynnau'r ffwrn nwy. 'Edrychwch, Nain,' meddai Gareth. 'Mae gan y babi ddyn plastig hefyd.' 'Dwi'n siŵr nad ydy o ddim yn gweithio mor galed â Morus y Gwynt,' meddai Nain gyda gwên.

TAXI
R211HGT

Roedd swper bron yn barod pan glywodd Bethan sŵn car.
'Mae Mam a Dad wedi dod â'r car newydd!' gwaeddodd Gareth.
'Mae Dad yn mynd i yrru tacsi,' meddai Bethan.
'Gyrrwr bws oedd e yn Llanelli.'
'Gwell i Dad roi'r tacsi newydd yn y garej, rhag ofn
i rywbeth chwythu ar ei ben,' meddai Nain.

Roedd Mam a Dad yn synnu gweld pawb yn nhŷ Sali.
'Dim trydan?' meddai Dad. 'Dyna ddoniol!'
'Pam mae e'n ddoniol?' gofynnodd Gareth.
'Achos mae cymaint o drydan yn cael ei gynhyrchu yn yr ardal,' meddai Dad.
'Ydych chi'n cofio gweld gorsaf bŵer Wylfa ddoe?'
'Ydyn,' meddai Bethan.

'Wel, mae honno'n cynhyrchu trydan,' meddai Dad. 'Ac mae'r fferm wynt ger Cemaes yn cynhyrchu trydan drwy ddefnyddio nerth y gwynt.' 'Dwi'n falch nad oes 'na ddim trydan,' sibrydodd Sali wrth Bethan. 'Mae'n hwyl!'

Pan aethon nhw adre, dododd Nain lamp nwy ar y ford yn y stafell wely. Roedd Bethan a Gareth wrth eu bodd yn gwneud patrymau ar y wal.

Yn y bore clywodd Bethan sŵn mawr.
Nid sŵn gwynt oedd e. Dad oedd yn gweiddi!
'Mae'r llen blastig wedi chwythu i lawr,'
gwaeddodd Dad.

Roedd y gwynt wedi chwythu'r bin sbwriel.
Dyna olwg oedd ar ardd Nain!
Roedd Morus y Gwynt wedi hedfan i ffwrdd hefyd.

Gwisgodd Bethan a Gareth ar ras a rhedeg allan i chwilio am Morus, ond doedd dim sôn amdano'n unman. Roedd y polion ffa wedi disgyn.

'Druan o'r ffa! Dydyn nhw ddim yn hoffi gwynt,' meddai Bethan.

Roedd y plant bron â llwgu pan aethon nhw'n ôl i'r tŷ i gael brecwast arbennig gan Nain.

'Dwi'n falch fod y trydan wedi dod yn ôl,' meddai Gareth.
'Symuda, Dad!' Roedd Dad wedi taenu map dros y ford.
'Os ydw i am yrru tacsi ar Ynys Môn, rhaid i fi ddod i 'nabod yr hewlydd,' meddai Dad. 'Dewch i ni fynd am dro.'
'Fydd dim rhaid i ni dalu, gobeithio!' meddai Gareth gan chwerthin.

Wrth fynd ar hyd yr hewl, syllodd Gareth drwy hen finocwlars Nain.
'Dwi'n gweld rhywbeth mawr du,' meddai.
'Pont Menai,' meddai Mam.
'Nage, y pryfyn sy'n cerdded dros dy wallt di,' meddai Gareth.
Gwichiodd Mam a chwarddodd pawb.

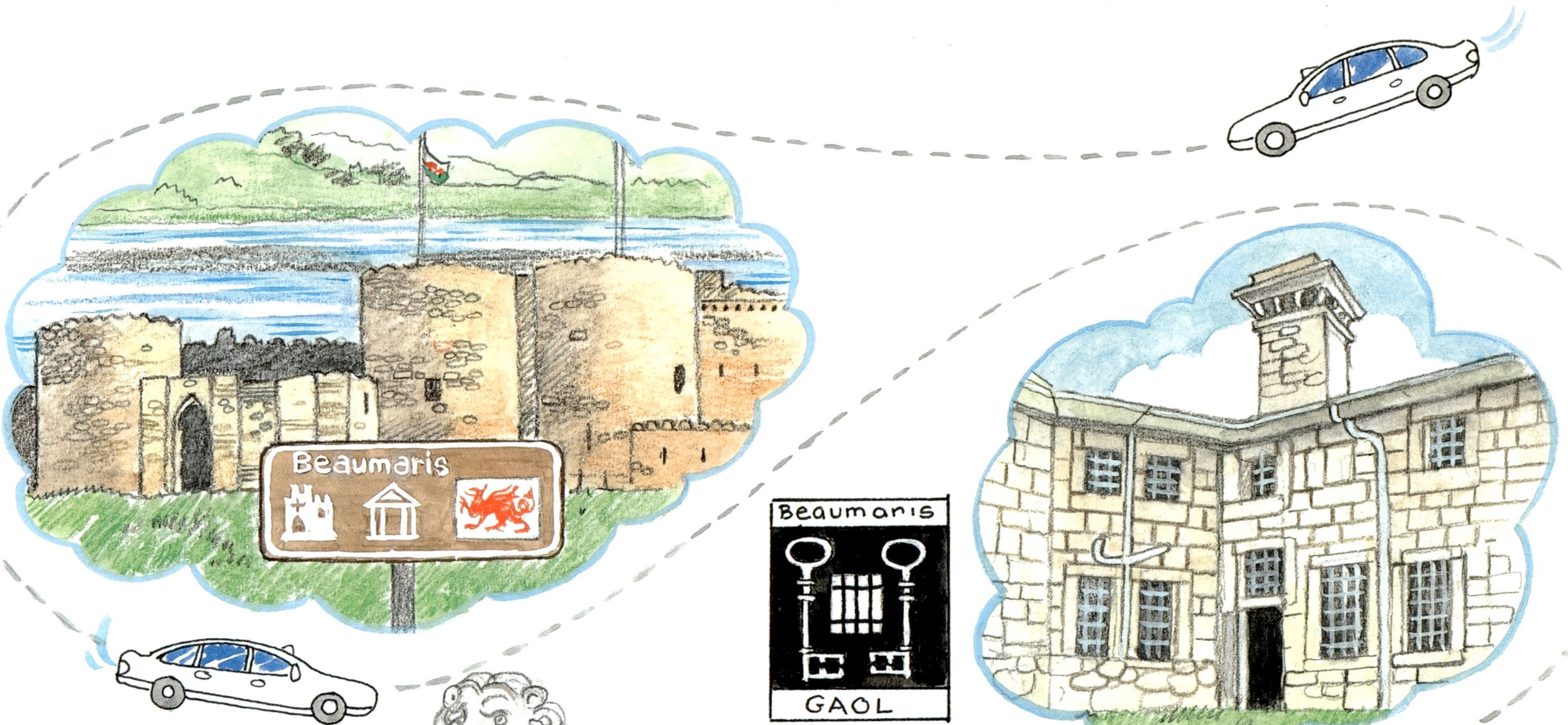

Rhannodd Gareth
y binocwlars gyda'r merched.
Fe gawson nhw hwyl yn chwilio
am greaduriaid rhyfedd.

Gwelodd Bethan bili pala enfawr,
gwelodd Sali gimwch metel,
ond llew carreg dynnodd sylw Gareth.
'Mae e'n hoffi llewod carreg,'
eglurodd Bethan.

Pili Palas
Butterfly Palace
Anglesey
Sea Zoo
Sw Môr Môn
ynys Lawd
South Stack
Melin Llynnon
Llyn Alaw

Ar y ffordd adre fe stopion nhw ar lan Llyn Alaw i wylio'r adar. 'Dylen ni fod wedi dod â bwyd iddyn nhw,' meddai Sali.

Pan oedden nhw bron â chyrraedd tŷ Nain,
gwaeddodd Bethan, 'Stop, Dad!
Mae rhywun eisiau reid yn y tacsi!'
'Pwy?' meddai Dad yn syn.
'Dwi'n gwybod!' gwaeddodd Gareth yn falch.
'Co fe ... ar y chwith ...
Morus y Gwynt!'

Roedd Nain yn chwynnu'r ardd. Rhedodd pawb ati.
'Nain! Mae rhywun wedi dod i'ch gweld chi!' galwodd Gareth.
'Pwy?' sibrydodd Nain. Sychodd Nain ei dwylo
a thwtio'i gwallt cyn mynd at y car.

Dyna falch oedd hi i weld ei hen ffrind
Morus y Gwynt ar y sedd flaen!

Ar ôl rhoi Morus yn ôl ar y sied,
rhedodd Sali a Bethan i'r llofft i anfon
e-bost hir, hir at Amin yn Llanelli.

Enw'r e-bost oedd *Stori Morus y Gwynt!*

NEWYDD! Gellir llwytho nodiadau athrawon a thaflenni gwaith disgyblion Cyfres Cwmpawd **YN RHAD AC AM DDIM** oddi ar **www.fbalearning.co.uk**



Ymgynghorwr Daearyddiaeth: Olive Dyer



Y mae cofnod catalogio'r gyfrol hon ar gael gan y Llyfrgell Brydeinig.

Cyhoeddwyd gyda chymorth ariannol ACCAC (Awdurdod Cymwysterau, Cwricwlwm ac Asesu Cymru).

Cyhoeddwyd Medi 2002 gan
Gyhoeddiadau FBA, 2 Y Parc Gwyddoniaeth,
Aberystwyth, Ceredigion SY23 3AH
Ffôn: (01970) 636400 Ffacs: (01970) 636414
Ebost: cyhoeddiadau@fbagroup.co.uk
Gwefan: www.fbagroup.co.uk

Dyluniwyd gan Francis Balsom Associates
Argraffwyd yng Nghymru

ISBN 1 901862 55 0